UNIVERSIDAD PRIVADA

FACULTAD : DERECHO

ALUMNO: CHARLES CROSS

DOCENTE: D. HIJAR

TEMA: PROYECTO DE TESIS
"LA JURISPRUDENCIA EN LA PRÁCTICA EN EL INSTITUTO MONEDA"

2017

INDICE

I.PLANTEAMIENTO DEL PROBLEMA

1.1 DESCRIPCIÓN DE LA REALIDAD PROBLEMÁTICA

La descripción del la realidad problemática es como es el efecto de

La variable A sobre la variable B en el contexto poblacional .

1.2 DELIMITACIÓN DE LA INVESTIGACIÓN

La delimitación de la investigación está orientada los estudiantes del instituto moneda sede Lima-Perú

1.2.1 DELIMITACIÓN ESPACIAL

La población son 25 estudiantes de el instituto Moneda y la muestra son 10 estudiantes

1.2.2 DELIMITACIÓN SOCIAL

El tema es la jurisprudencia en la práctica de los alumnos del instituto Moneda

1.2.3 DELIMITACION TEMPRAL

El tiempo en el que uno lo va a hacer es 2 meses

1.2.4 DELIMITACION CONCEPTUAL

Los principales temas a tratar están ubicados en las variables y estos son la Legislación y la Jurisprudencia

1.3 PROBLEMA DE LA INVESTIGACIÓN

1.3.4 PROBLEMA GENERAL

¿Cómo es el efecto de la legislación sobre la jurisprudencia en el instituto Moneda?

1.3.2 PROBLEMAS ESPECÍFICOS

a)¿De que manera la legislación penal regula la jurisprudencia penal enel instituto Moneda?

b) ¿de que manera la legislación laboral regula la jurisprudencia procesal civil enel instituto Moneda?

c) ¿ de que manera la legislación tributaria regula la regula la jurisprudencia constitucional en el instituto Moneda?

1.4 OBJETIVOS DE LA INVESTIGACIÓN

1.4.1 OBJETIVO GENERAL

Determinar   como es el efecto de la legislación sobre la jurisprudencia en el instituto Moneda

1.4.2 OBJETIVOS ESPECÍFICOS

a) identificar de que manera la legislación penal regula la jurisprudencia penal en el instituto moneda

b)establecer de que manera la legislación laboral regula la jurisprudencia procesal civil en el instituto Moneda

c) Describir de que manera la legislación tributaria regula la jurisprudencia constitucional del instituto Moneda

CAPITULO II : MARCO TEORICO

2.1 ANTECEDENTE DE LA INVESTIGACIÓN

2.1.1 ANTECEDENTE NACIONAL

ANTECEDENTE 1

AUTOR: Martel,R(2002) Lima

TITULO: ACERCA DE LA NECESIDAD DE LEGISLAR SOBRE LAS MEDIDAS AUTOSATISFACTIVAS EN EL PROCESO CIVIL

OBJETIVO GENERAL: determinar que a la fecha han transcurrido más de nueve años de vigencia y aplicación del novedoso y moderno Código Procesal Civil Peruano, que a decir, según entiendo, de la mayoría trajo consigo la regulación de institutos procesales importantes, entre ellos el proceso cautelar, cuyo tratamiento es, sin duda, ordenado e integral.

CONCLUSION: Es pertinente, dada la naturaleza de la medida autosatisfactiva, así como la urgencia de tutela que reclama el actor, que la apelación contra el auto que ampara una petición autosatisfactiva, sea sin efecto suspensivo y sin la calidad de diferida, pues en caso contrario, de concederse con efecto suspensivo, se desnaturalizaría la medida y seguramente se frustraría la tutela solicitada.

RECOMENDACIÓN: Como resultado de este trabajo de investigación nos permitimos proponer como única sugerencia un proyecto de ley que regule a las medidas autosatisfactivas en el proceso civil. Creemos que la propuesta normativa además de ser simple y clara, debe : recoger los presupuestos que la doctrina establece para la viabilidad de estas peticiones; regular el trámite que debe dársele, así como el régimen de impugnación; y, establecer numerus apertus los asuntos que deben tramitarse en este proceso.

Debe advertirse que la creación de esta nueva herramienta procesal no implicará la derogación de otros dispositivos que actualmente regulan los asuntos o materias que deberían, a nuestro criterio, ventilarse en sede autosatisfactiva, todo ello en razón de que está nueva vía tiene presupuestos específicos para su viabilidad, que si no se cumplen, dejan siempre abierta otra opción mas lata para el justiciable. Así, si la pretensión es de desalojo por falta de pago, y el actor no cuenta con pruebas que le permitan demostrar la fuerte probabilidad de su derecho en un proceso autosatisfactivo, creemos que debe tener, por ser razonable y justo, otra oportunidad de probar su derecho en una vía mas lata, sea sumarísima o de conocimiento.

ANTECEDENTE 2

AUTOR:Gilardo, J(2000) Lima-Peru

TITULO: Cautela y contracautela en el proceso civil

OBJETIVO GENERAL: Precisar la naturaleza jurídica, clases, alcances y tramitación de las medidas cautelares y particularmente la contracautela; las facultades del órgano jurisdiccional sobre su determinación, regulación y ejecutabilidad. Interesa determinar cuál es la relación de la contracautela con los diversos procesos sean estos cognitorios, o de ejecución.

METODOLOGIA: La recopilación documental es el método de investigación al que recurriremos para realizar el presente trabajo; particularmente efectuaremos la revisión de expedientes concluidos.

Con relación al tema que hemos elegido con fines investigatorios, consideramos que el acopio o recopilación documental es el único procedimiento pertinente y objetivo que nos permitirá establecer conclusiones válidas.

No consideramos trascendentes o confiables el uso de las entrevistas puesto que no pretendemos medir el grado o nivel de conocimiento de la contracautela por los justiciables y en general por los sujetos del proceso.

CONCLUSIONES: Entre las medidas cautelares para futura ejecución forzada, es el embargo el que representa el porcentaje mayoritario (55.5% del total de medidas cautelares postuladas). El segundo lugar corresponde el secuestro bajo la modalidad de secuestro conservativo (42.2%). (Cuadro N° 3) con un porcentaje irrelevante figura la anotación de demanda que representa únicamente el 2.3% del total de medidas cautelares tramitadas en los Juzgados Civiles del Cono Norte.

RECOMENDACIONES:

Que en consideración a los hechos expuestos en los antecedentes, el tenor del artículo 611° del Código Procesal Civil sea modificado a efectos de evitar errores o interpretaciones forzadas tanto por las partes como por los jueces, y problemas de naturaleza registral.

ANTECEDENTE 3

AUTOR: Acosta, V.(2003), lima

TITULO: La constitución económica en el Perú y en el derecho comparado.

OBJETIVO GENERAL: Determinar aspectos relacionados entre la constitución y la economía en el derecho comparado.

CONCLUSIONES: Cuando enfrentamos la relación entre el derecho y la economía, tenemos que abrir la perspectiva a una instancia que nos lleva a otro tema englobante, que es entablar otra relación, esta vez entre cambio social y cambio jurídico, lo que para algunos significa o constituye estructurar una teoría del cambio jurídico, como en su momento se ha expresado.

Ahora bien, en lo que corresponde a esa relación mayor entre cambio social y cambio jurídico, lo significativo es al final concluir en que el derecho es determinado por lo social, más allá que cambie o no la norma. Esto nos obliga a alejarnos de una posición normativista dentro del derecho y arribar a otra que podría ser el observar tres elementos en el mismo, como es la vida humana, valores y normas, elementos que en conjunto e interrelacionados, constituyen Derecho. Desde esta perspectiva entonces, el Derecho cambia - a pesar que no cambie la norma- frente a un cambio social.

La relación que reseñamos, nos obliga también a preguntarnos si el derecho tiene alguna incidencia en lo social y aquí casi todos lo autores son bastante "pesimistas" en asignarle una función determinante al derecho. Lo cierto es que será, en última instancia la circunstancia concreta la que otorgará la respuesta definitiva.

RECOMENDACIONES: La primera recomendación que se puede efectuar, en el caso del Perú, es que se prosiga con el tratamiento sistemático de los aspectos económicos.

2.1.2 ANTECEDENTE INTERNACIONAL

ANTECEDENTE 3

AUTOR: Diaz Hernandez, Maribel(2003),Cholula, Puebla, Mexico

TITULO: Adición en el Reglamento de Autotransporte Federal y Servicios Auxiliares, respecto a la saturación de depósitos de vehículos permisionados

OBJETIVO GENERAL: Efectuar un estudio jurídico de la reglamentación existente de los depósitos de vehículos permisionados, para detectar un medio idóneo, para promover legalmente la solución a la saturación de los depósitos de vehículos permisionados y al mismo tiempo evitar un futuro acumulamiento.

CONCLUSIONES: Al efectuar una investigación para detectar la forma más viable de promover legalmente la solución a la saturación a los depósitos de vehículos permisionados y evitar su futuro acumulamiento. Llegue a la conclusión, que la gran laguna jurídica, en cuanto a un término liberatorio de la obligación de custodiar los vehículos en el depósito; forma jurídica más viable para resolverlo, es mediante adición al auto transporte y vehículos auxiliares.

La obtención de la información que se obtuvo sirvió para demostrar la necesidad de la adición al auto transporte federal y servicios auxiliares, para la solución de la saturación de depósitos de vehículos, permisionados; indicar el término ideal de la enajenación, y procedimiento de que puedan enajenarse los vehículos para a obtención del pago y de los servicios prestados.

ANTECEDENTE 5

AUTOR: Romero Enríquez, Mildreeth(2016), Cholula, Puebla, México

TITULO:LA CONTRAPOSICION JURIDICA DE LA COMPETENCIA ECONOMICA Y LAS CLAUSULAS DE EXCLUSIVIDAD.

OBJETIVO GENERAL: El presente estudio tiene por objeto plasmar en primer lugar la importancia de la competencia económica, así como su origen, de manera que facilite la comprensión de la materia y de esta forma se tengan las herramientas suficientes para poder comparar la figura jurídica de la competencia y la libre concurrencia como derecho fundamental instituido en el artículo 28 Constitucional, contra las cláusulas de exclusividad como un derecho de los particulares, sumamente recurridas en la praxis.

CONCLUSIONES: Tras lo expuesto en el presente análisis, se demuestra que la materia de competencia económica, a pesar de tener un origen cuestionable en México al instituirse primero en sistema jurídico mediante la inserción de la constitución federal, que en EUA cuando de este país deviene el origen de la rama de derecho en cuestión,. Es cierto que tal normativa no atendía una circunstancia social o económica real así como tampoco una situación necesaria de regulación no obstante si represento un avance, teórico que más tarde cobro vida en la praxis.

Ahora bien es tan una materia importante para el Estado Mexicano, como en cada plan de desarrollo nacional, es considerada como punto prioritario a procurar y lo más significativo es que su fundamento yace en la constitución política de los estados unidos mexicanos.

Sin embargo la incógnita ciertamente radica en que por sí parece ser un tema vital para México porque su pensamiento sigue siendo tan escueto; la pregunta se responde con los años de vigencia fáctica que tiene el país pues 24 años es una edad prematura contra países que ya tienen un siglo ejerciéndola. Sin justificar algunos casos la tardía acción de las actividades competentes. Asimismo otro factor en el detrimento de la correcta aplicación y protección de los derechos de los conflictos derivados, de la coherencia normativa, como se reflejó en el presente estudio, con la antinomia de que por un lado prohíbe las practicas, monopólicas relativas que por un lado inhiben en términos generales la competencia y la libre concurrencia y por otro lado existe la permisión de pactar cláusulas de exclusividad que limitan o en ocasiones suprimen tanto la competencia como la concurrencia.

ANTECEDENTE 6

AUTOR: Arróniz Meza,Humberto(2006) Cholula, Puebla, México

TITULO: LA DEFENSA CONSTITUCIONAL DE LA SOBERANIA EN MATERIA ENERGETICA

OBJETIVO GENERAL: Determinar temas constitucionales con respecto a la defensa del tema energético tomando en cuenta los distintos tipos de contratos respectivos.

CONCLUSION: Una vez que he señalado a lo largo del presente trabajo de investigación, los diversos artículos constitucionales que rigen la materia energética, así como su uso, aprovechamiento y explotación, el concepto de soberanía de acuerdo a los diversos autores citados y los acuerdos de voluntad en materia energética que vulneran la soberanía nacional, debo expresar una opinión final.

Así comenzaré por establecer que en la especie las hipótesis planteadas por el sustentante, al inicio del presente trabajo, se confirman de manera satisfactoria, en el entendido, que efectivamente como lo observamos en el cuerpo de la presente tesis, los diversos acuerdos de voluntad que subsisten en nuestro Estado mexicano, tal y como lo son los Contratos de Servicios Múltiples, Las Concesiones de Alumbrado Público y los Contratos de Suministro de Energía Eléctrica, sí vulneran la soberanía nacional, debido a que entrañan en sí mismos actividades exclusivas para el Estado por mandato constitucional.

Es de resaltar, que los tres acuerdos de voluntad que se plasman, dan la apariencia de ser perfectamente válidos desde un punto de vista formal, pero invariablemente encontramos que lo único que buscan es el poder evadir, en ocasiones de una manera pueril, los mandatos constitucionales que prohíben la participación de los particulares en determinadas áreas estratégicas para la nación.

Es decir, desde el punto de vista legal, aparentemente resultan satisfactorios, debido a que se cumplen con las formalidades contenidas en la ley, pero al entrar a su estudio frente al orden constitucional, resulta que revisten elementos que contravienen el Código Fundamental y que inherentemente plantean un fraude a la Constitución.

Para el caso concreto de los Contratos de Servicios Múltiples, se hace evidente, que los contratantes de una manera por demás engañosa, intentan Señalar que lo que se lleva a cabo es un contrato de obra pública, perfectamente previsto por nuestro derecho positivo vigente, pero en realidad lo que subyace en él, es un contrato de explotación, en donde se entrega al particular la realización de todo el proceso productivo de hidrocarburos excepto la venta, pero teniendo una relación muy estrecha con ésta, debido a que los pagos son directamente proporcionales a las ventas de hidrocarburo. Es decir tal y como se estableció, el contrato cumple con lo establecido en la ley, pero pasando por alto los mandatos constitucionales que proscriben de manera categórica la participación de particulares en rubros estratégicos para la Nación.

Por cuanto hace a las Concesiones de Alumbrado Público, de igual forma encontramos que independientemente de la prestación del servicio público de alumbrado, se establece de manera encriptada pero evidente, una venta de energía eléctrica, cuestión reservada exclusivamente a la Comisión Federal de Electricidad. Lo anterior debido a que si bien, dentro del contrato no se pacta la venta de energía eléctrica de manera textual, la empresa lleva a cabo el pago a Comisión Federal y posteriormente realiza la facturación correspondiente a la autoridad que concesionó, lo cual evidentemente entraña una venta de electricidad.

Por último, los contratos de suministro de energía eléctrica de igual manera a los demás acuerdos de voluntad, vulneran la soberanía nacional debido a que también entrañan una venta de energía eléctrica disfrazada de autoconsumo por medio de una persona jurídica colectiva y la venta de acciones de la misma. Ya que como se estableció pretenden establecer, que lo que se lleva a cabo es un autoabastecimiento, cuestión por demás apartada de la realidad, ya que el objeto de la persona jurídica colectiva es la generación de energía eléctrica para su venta.

De acuerdo al título de la presente tesis profesional, propongo como bien lo dice, una defensa constitucional de la soberanía en materia energética, debido a que como lo establecí es común que esta soberanía sea vulnerada por elementos externos a los puramente nacionales, por medio de contratossesgados jurídicamente hablando, tendientes a satisfacer intereses no propios a los de la colectividad.

Así mismo resulta necesario recalcar que todos estos acuerdos de voluntad son tendientes a llevar a cabo una entrega encriptada de la rectoría y tutela en materia energética al capital privado y extranjero, lo anterior producto de ideas neoliberales que se alojan por desgracia para la nación en los más encumbrados nichos de la política nacional.

Así debo manifestar que las desventajas que presentan hoy en día la existencia de estas relaciones jurídicas en nuestro país, son las siguientes: se hace una entrega total a particulares de la rectoría en materia energética que el Estado debe ostentar en todo momento, cediendo así o permitiendo con actitudes por demás veleidosas por parte del gobierno, la invasión a la soberanía de la Nación, siendo que ésta como se estableció en el cuerpo de la presente tesis, ni se cede ni se delega, debe ser ejercida en todo momento por el Estado, que por mandato del pueblo así se estableció en la Carta Magna y no en manos de particulares con intereses apartados a los de la colectividad.

Además estas relaciones jurídicas analizadas, vulneran la soberanía nacional, ya que son tendientes a otorgar a los particulares el acceso a rubros estratégicos para la Nación, tales y como lo son los hidrocarburos y la electricidad, mismos que son parte fundamental para el desarrollo nacional.

Un escenario viable que podría existir con respecto a este tipo de contratos, es precisamente que se respetaran los postulados constitucionales por parte de las autoridades, que sólo pudieran ser concesionados aquellos servicios que el legislador señaló, ya que esto tiene una razón clara y no es otra que la protección de la soberanía del Estado.

Sin duda lo confirmo, la única manera para poder llevar a cabo este tipo de contratos es con apego a la Constitución, y a la política en materia energética que nuestro Estado ha sostenido durante años, y no mediante acciones tendientes a provocar fraudes a nuestra Carta Magna, como en la especie ocurre con los acuerdos de voluntad multicitados en la presente tesis

2.2 BASES TEORICAS

2.2.1 TITULOS SUPLETORIOS

Los notarios están facultados a otorgar la formación de títulos supletorios lo cual se especifica en la ley 2715 y en su reglamento

Esquivel, J(2009) manifiesta:

Cuando el propietario carece de títulos que acrediten su derecho, siempre que la edificación objeto de regularización esté levantada sobre un terreno no inscrito para lo cual el solicitante debe de acreditar por lo menos 5 años de posesión con lo cual se añade que cuando el título de propiedad del solicitante no tienen antigüedad de cinco años. En este caso no será necesario que el

solicitante acredite cinco años de posesión, por otra parte en el artículo 6 de la
ley 27333 dispone que cuando se haya solicitado la declaración notarial para la
primera inscripción de dominio sobre la base de títulos con por lo menos cinco
años de antigüedad, el notario verificará que el trate de documentos de fecha
cierta que contengan actos jurídicos de enajenación , salvo que la ley establezca
una formalidad solemne para el acto(p.p.24,25).

Al respecto cabe afirmar que es importante saber el tema de la antigüedad
para confirmar un caso de prescripción asimismo existen vacíos legales que
eventualmente hacen más engorroso el tramite tomando en cuenta que no deben
de haber oposición de terceros para lograr la prescripción{on tiene que ser una
posición pacifica continua y pública lo cual es un requisito fundamental, otro
requisito es que tienen que haber entre 3 a 6 testigos   para aplicar la prescripción
adquisitiva de dominio.

2.2.2LA INDEPENDIZACIÓN COMO HERRAMIENTA DE SANEAMIENTO

La independización es otra herramienta del saneamiento de la propiedad
que es utilizada para solucionar problemas relacionados con la falta de
individualización.

Esquivel, J(2009) manifiesta:

En efecto es una herramienta de saneamiento, pues constituye un acto
previo para la inscripción de la propiedad, de un inmueble desmembrado de otro,
ya sea como consecuencia de la culminación de del proceso de habilitación
urbana, de una subdivisión, parcelación o por haberse constituido el régimen de
propiedad exclusiva o propiedad común o al régimen de independización o
copropiedad. Cuando registralmente no existe el inmueble objeto de la resolución
judicial, puesto que aún no se ha inscrito la ampliación de fábrica , ni la
independización del inmueble materia de la demanda, no es posible amparar la
solicitud de inscripción considerando que ninguna inscripción salvo la primera , se
hace sin que esté inscrito o se inscriba el derecho de donde emane, además si
el terreno va a ser independizado cuenta con declaratoria de fábrica inscrita si
debe describirse la fábrica correspondiente a cada lote a independizar.(p.p.60,61)

Bueno a considerar para efectuar la declaratoria de fábrica no solo es
necesario contar con un abogado que inscriba la minuta sino también con un
arquitecto que haga la independización con los planos respectivos para lo cual
como se mencionó debe de haber una declaratoria de fábrica en un inmueble ya
construido, en el caso de un terreno se hace una lotización mediante una
topografía primero, asimismo tal y como en otros casos existen vacíos legales así
como también existen nuevas resoluciones del tribunal registral que especifican
nuevas disposiciones.

2.2.3INDEPENDIZACION Y LOTIZACIÓN

Cuando se independiza un complejo inmobiliario es distinto de cuando se lotiza un terreno, existen diferentes parámetros.

Esquivel, J(2009) manifiesta:

Por su parte el régimen de copropiedad e independización supone la existencia de inmuebles de copropiedad exclusiva susceptibles de ser independizables(que comprende el terreno de cada uno de ellos) y bienes de uso común , los cuales están sujetos al régimen de copropiedad regulado en el código civil. Este régimen por disposición del artículo 128 del reglamento de la ley 27157 debe de ser adoptado por las quintas; las casas en copropiedad; centros y galerías comerciales, campos feriales y otras unidades inmobiliarias con bienes comunes, siempre que los inmuebles de propiedad exclusiva sean de un solo piso o que de contar con más de un piso, permanezcan a un mismo propietario y pisos superiores se proyecten verticalmente sobre el terreno de propiedad exclusiva de sección.

Existen diferentes clases de predios en copropiedad pero para la independización de las unidades inmobiliarias deben de presentarse un documento privado suscrito por el propietario del predio con firma certificada que suscriba en área, linderos y medidas perimétricas de las secciones de dominio exclusivo así como un plano de independización que grafique las unidades de dominio exclusivo y las zonas comunes, autorizado profesional competente con firma certificada.

2.2.4 LA ACUMULACIÓN COMO HERRAMIENTA DE SANEAMIENTO

Otra figura jurídica registral es la acumulación consiste en unificar en una sola propiedad los distintos predios colindantes.

Esquivel, J(2009) manifiesta:

El RIRP en su artículo 48 señala que la acumulación es el acto registral que tiene por objeto constituir una nueva unidad inmobiliaria y se efectúa comprendiendo en una sola dos o más partidas independientes relativas a otros tantos predios. Es decir la acumulación es la unión de una partida registral de dos o más inmuebles inarticulados en partidas diferentes siendo indispensable que los inmuebles a acumular constituyan un solo todo sin solución de continuidad y pertenezcan a un mismo copropietario.(p.68)

La acumulación puede ser de predios urbanos como de predios rurales, el trámite se hace vía notario previamente se necesitan los planos de un arquitecto con su respectiva firma y sello para lograr el objetivo de la unificación esta misma figura puede tener mayores complicaciones o mayores simplificaciones por parte de los propietarios, eso es algo muy relativo. En el caso de los temas rurales se ven mucho el tema de las parcelas. De acuerdo al código civil también deben de ser personas capaces quienes realicen estos actos jurídicos.

2.2.5 FORMALIZACION DE ESCRITURA

Un bien puede pertenecerle con o sin necesidad de una partida registral o título de propiedad a un determinado propietario pero es preferible formalizar a escritura pública.

Esquivel, J(2009) manifiesta:

En este sentido es claro que cualquiera de los contratantes puede iniciar un procedimiento judicial para compeler a la otra parte a llenar la formalidad requerida. Esta pretensión se funda en la prueba de la existencia del contrato de tal manera que si el hecho es acreditado, el demandado deberá cumplir con la formalidad y si no lo hace voluntariamente lo hará el juez en su rebeldía con lo cual se cumplirá con su tracto sucesivo.(p.74)

Obviamente es preferible que se haya formalizado el registro de la escritura pública que el hecho de que se haya esto quedado en un simple contrato privado de compra-venta. Hay muchos detalles que varían en general pero es mucho más recomendable la formalización de la propiedad que caer en el vicio de la informalidad. Ya que uno puede perder su bien mediante prescripción adquisitiva u otros artificios legales como por ejemplo una simple demanda de reivindicación de propiedad.

2.2.6 SENTENCIA CONDENATORIA EN DERECHO COMPARADO

La vía de lo civil es más suave que la vía de lo penal ya que no tiene sanciones penales.

Ascencio J(2010)manifiesta:

Un entendimiento erróneo de esta cuestión es lo que ha llevado a que durante muchos años en derecho comparado la resolución de la cuestión civil se vinculara a una sentencia condenatoria fenómeno que ya hoy se ha superado. Del delito pues nunca nace o deriva responsabilidad civil sino exclusivamente la penal. La civil dimana de un hecho que al margen de su naturaleza delictiva tiene la consideración de civilmente ilícito y este hecho que fundamenta la responsabilidad civil no deja de serlo cualquiera sea el proceso en el que se ejercite.(p.42)

En el tema de derecho comparado hay un agente que fiscaliza que se infiltra en el proceso el cual viene a ser el ministerio público mediante ell cual el estado empieza a tomar cartas en el asunto lo cual puede derivare en responsabilidad penal de un proceso civil o administrativo. En estos extractos se pretende contrastar la vía de lo civil con la vía de lo penal. Si bien son vías judiciales no por ejemplo como el juzgado de paz que es una instrancia extrajudicial.

2.2.7EL TEMA DE LA PROCURADURÍA EN RELACION CON EL DERECHO CIVIL

La acción civil está vinculada a la acción de la procuraduría por ejemplo un proceso por la vía de lo civil puede más tarde ser denunciado en la vía penal.

Ascencio J(2010)manifiesta:

El objeto del siguiente dictamen viene exclusivamente referido a la a acción civil ejercitada en este proceso penal por el estado peruano, bajo la representación procesal de la procuraduría frente a sujetos imputados por diversos delitos, siendo así que habiéndose dictado un auto de sobreseimiento la parte civil ha deducido frente al mismo un recurso de nulidad aun sin sostener por el contrario negando la base de la acción civil, es decir en perjuicio de y el mantenimiento de la controversia merced de una transacción que ha puesto fin al conflicto.(p.64)

La separación de ambas cuestiones es decir el delito y del hecho ilícito dañoso, que son fuentes de diferentes responsabilidades aunque se tramiten en un mismo proceso es perfectamente posible maxime en un sistema como el peruano que confiere al ministerio público el monopolio de la acción penal lo que priva al actor civil de cualquier legitimación sobre el objeto procesal punitivo. A la fiscalía pues le corresponde la acción penal también la civil que ha negado expresamente en el caso y al estado cuando se considere perjudicado la civil.

2.2.8 LA PRETENCION CIVIL DEL RESARCIMIENTO

La pretensión civil del resarcimiento de daños en el procedimiento penal se da por ejemplo cuando una persona demanda por la vía de lo civil una reparación civil obtenida por la vía de lo penal.

Ascencio J(2010)manifiesta:

La situación provocada por el ejercicio por parte del estado de una acción civil de resarcimiento en el procedimiento penal de que se trata es el de tal complejidad a la vía de los fenómenos que la rodean que, se puede afirmar sin temor a errar que la continuación de la tramitación de la misma puede a la postre producir unas situaciones de gravedad incalculable. Y es así puesto que lo que a la primera vista parece un simple ejercicio de una acción resarcitoria,

Existen diferentes formas de resarcir por la via de lo civil una acción por la vía de lo penal como por ejemplo la ya mencionada demanda de una rreparación civil obtenida por la vía de lo penal asimismo existen diferentes formas otro ejemplo es una conciliación sea por vía extrajudicial o judicial,

2.2.9 LA LITISPENDENCIA EN DERECHO COMPARADO

A continuación trataremos el tema de la litispendencia un tema que es sumamente importante

Ascencio J(2010)manifiesta:

Como es sabido , el momento de interposición de demanda , la formulación de la pretensión , produce efectos materiales de la demanda, que son los de litispendencia en un sentido general. Conforme a los mismos, el objeto procesal viene definido por el estado de hechos producido en ese momento , de modo que posteriormente no pueden ser alterados sustancialmente, pues se modificará con ello la pretensión y el objeto del proceso. Igualmente se produce la vinculación del tribunal a esa demanda, de manera que no se puede pronunciar una sentencia que exceda de la pretensión ejercitada y si se hace, se incurrirá en incongruencia y la resolución estaría viciada de nulidad(p.82).

Como se verá posteriormente, en el caso concreto al momento de de la constitución del estado como parte civil y como la procuraduría misma reconoce expresamente, no se habrá producido (tampoco ahora) daño alguno cierto y efectivo, por lo que la sentencia en caso de entrar en el fondo, aunque posteriormente se produjera un daño algo imposible por transacción formalizada tendría que ser absolutoria, ya que el efecto de la litispendencia prohibiría extender su conocimiento a hechos no objeto de demanda.

2.2.10 EL TEMA DE LA CAUSALIDAD

Ahora hablaremos de la relación de causalidad evento dañoso y daño efectivamente producido

Ascencio J(2010)manifiesta:

Y la relación de causalidad civil no coincide con la penal , de modo que pueda, como se ha hecho en el caso presente hacer coincidir ambas de modo mecánico, casi objetivo, sin acreditar el dolo o la culpa civil, sin individualizar las conductas y sin, por último, reflexionar sobre la responsabilidad personal o la que corresponde al órgano societario, al cual se considera sin motivación alguna, tercero civil responsable y por último sin reflexionar sobre la que tendrán aquellos que con posterioridad hubieran podido por disponer de los derechos haber contribuido al daño o minorado(p 92).

Quiérase con ello decir, que no está perfectamente integrada la Litis desde el punto de vista subjetivo y que exista cuanto menos un litisconsorcio pasivo necesario que hubiera obligado a llamar al proceso a todos los responsables hipotéticos, los iniciales y los posteriores, así como a las personas en que se integraban y el nombre de las cuales actuaron que no serían, por tanto, terceros civilmente responsables, sino directos en el ámbito civil tuvieran responsabilidad directa o subsidiaria, algo que tampoco se ha concretado.

2.2.11 CAUSALES DE PROCEDENCIA DE LA DEMANDA DE AMPARO

A continuación expondremos causales de la procedencia de la demanda de amparo

Salinas S.(2011) manifiesta

Sin embargo el cumplimiento de las formas procesales no supone, en

Modo alguno el sacrificio de un derecho fundamental que requiera protección urgente en un caso concreto. Y es que no podemos olvidar que el cumplimiento de estos requisitos tiene como finalidad garantizar que lo discutido esté íntimamente vinculado a la protección constitucional de un derecho fundamental. Por tanto la exigibilidad de dichos requisitos debe de estar encaminada a la finalidad para la cual fueron previstas, esto es la protección constitucional de uno o más derechos fundamentales (p17).

Ahora bien tratar este tema, la aplicación de los principios procesales constitucionales, dentro de esta sección tiene por finalidad introducir algunos criterios que van a permitir emplear adecuadamente las causales de improcedencia de conformidad con la constitución. El código procesal constitucional y el artículo 25 de la CADH de manera que la tutela que debe brindar el proceso de amparo debería garantizar que se concreten por lo menos cuatro pretensiones de acuerdo a su naturaleza

2.2.12 EL PRINCIPIO IURA NOVIT CURIA

Ahora hablaremos del principio iura novit curia y su aplicación en los procesos constitucionales

Salinas S.(2011) manifiesta

En este punto realizaremos algunas precisiones del artículo VIII del TP de conformidad con la jurisprudencia constitucional. Así por este principio, el juez tiene el poder deber de alterar la fundamentación jurídica de la pretensión constitucional, identificado el derecho comprometido porque no se haya expresado o haya sido erróneamente. Empero este poder deber del juez no lo faculta a alterar el objeto de la pretensión (la represión del acto lesivo) ni los hechos que la fundamentan. No puede en efecto pronunciarse sobre la base de hechos que no se hayan alegado o incorporarlos por las partes al proceso. y pertenecen a las partes , por lo que se deben respetar lo que ellas piden en función a lo que ellas alegan.(p.p.20,21)

Es decir por este principio el juez   constitucional tiene la obligación de aplicar el derecho que corresponda, aun cuando en la demanda no haya sido alegado o haya sido defectuosamente. En este sentido, el juez constitucional no podrá declarar la improcedencia de la demanda, sino por el contrario, luego de haber descartado cualquier otra causal de improcedencia, debería ingresar a analizar el fondo de la demanda, centrando su pronunciamiento en los alcances del contenido constitucionalmente protegido del derecho.

2.2.13 LOS DERECHOS FUNDAMENTALES

Ahora hablaremos de los derechos fundamentales de las personas jurídicas en este contexto

Salinas S.(2011) manifiesta:

Así los derechos fundamentales son atributos que , en principio titularizan a las personas humanas , pero también se les reconocen derechos fundamentales a las personas jurídicas. En efecto nuestra constitución ha reconocido a toda persona el derecho de asociarse por el cual las personas tienen la facultad de integrarse y desarrollar actividades con fin común , así también garantiza el derecho a autoorganizarse. La eficacia de este derecho se concreta cuando se asegura que a las asociaciones que se forman se es doten de los mecanismos de protección jurídica idóneos para el logro de sus fines y salvaguarda de sus intereses.(p.25)

Los derechos fundamentales se puede titularizar una persona jurídica no son todos los que asiste a las personas humanas , sino solo a aquellos que pueden responder a su naturaleza. En efecto habrá derechos que por su contenido solo pueden ser titularizados por las personas humanas y habrá otros cuya protección puede extenderse a personas jurídicas. No obstante como veremos, no se trata de una lista cerrada de derechos , sino una lista abierta , pues además de depender de la naturaleza de la persona jurídica , depende también de las circunstancias en que una determinada conducta afecta a los derechos de éstas.

2.2.14 CALIDAD DE COSA JUZGADA

Ahora hablaremos de la cosa juzgada y la litispendencia

Salinas S.(2011) manifiesta

En primer lugar ,es evidente que cuando se establece la causal de improcedencia de una demanda que pretenda cuestionar una resolución firme recaída en un proceso constitucional, se debe entender que se hace referencia a que dicho proceso haya adquirido calidad de cosa juzgada constitucionalmente en los términos del artículo 6v del código procesal constitucional el que señala que en los procesos constitucionales solo adquiere la autoridad de cosa juzgada la autoridad de cosa juzgada la que se pronuncie sobre el fondo(p.39)

Además la resolución firme que es susceptible de ser cuestionada en un proceso constitucional es aquella sobre la cual se han interpuesto todos los mecanismos procesales existentes; es decir no podrá someterse a control constitucional aquella resolución consentida. Igualmente es necesario que quede claro que se debe de tratar de una resolución expedida por el poder judicial y no por el tribunal constitucional, toda vez que este último órgano constituye una última y definitiva instancia, y sus pronunciamientos son impugnables.

2.2.15 LA ADECUACION

Ahora hablaremos la adecuación de los procesos constitucionales

Salinas S.(2011) manifiesta

La adecuación de procesos constitucionales no está expresamente prevista como tal en el código procesal constitucional sino que puede adaptarse a través de aplicación de los principios procesales constitucionales. Este tema resulta de vital importancia para la determinación de la viabilidad de la demanda o tutela del derecho que se invoque. En efecto a primera vista se solicita tutela de un derecho fundamental que no es objeto de protección por el amparo de manera original o si se ha solicitado la tutela de un derecho cuya natural protección le corresponde al amparo a través de otro proceso como el habeas corpus o el habeas data, se deberá declarar la improcedencia de la demanda (p.42)

Empero ello a la luz de la finalidad del proceso constitucional de amparo en función de la urgencia de la tutela de los derechos invocados a la necesidad que se resuelva de manera oportuna de manera oportuna y efectiva lo inoficioso que resultaría hacer transitar nuevamente al demandante por la vía procesal correcta , exige que el juez de manera que favorezca el acceso a la justicia y en la aplicación del principio de autonomía procesal constitucional . Así se podrá reencauzar los procesos ocea adecuar convertir o reconvertir en el proceso constitucional que corresponde al acuerdo de la naturaleza del derecho cuya vigencia pretende salvaguardar.

2.2.16 DERECHO Y JURISPRUDENCIA

A continuación hablaremos de un rasgo característico y esencia del derecho que se da en la jurisprudencia.

De Barros, P(2011) manifiesta:

En la investigación del concepto de derecho mucho se ha escrito y sobran opiniones de expresividad variada, cada cual poniendo énfasis sobre un aspecto diferente para , al exaltarlo caracterizar aquella realidad. Tenemos b así a quienes ven el modo o criterio de apreciación de comportamiento , un complejo de juicios hipotétuicos o aun un mandato o una norma de comportamiento o una forma de actividad del espíritu(p.31).

De hecho el derecho es esencialmente coactivo , sin embargo no es ese su aspecto individualizador, ya que otros sistemas normativos también son coactivos. Las reglas religiosas siempre que sean transgredidas , dan lugar a sanciones bien en un ámbito extraterrenal, bien en el propio cambio de la conciencia , cuando el infractor , según sus creencias pasa a considerarse culpable. Las normas civiles prescriben deberes que una vez incumplidos desencadenan sanciones que manifiestan en la reacción de los miembros de la sociedad contra el transgresor.

2.2.17 LOS JUICIOS CATEGORICOS

Ahora hablaremos de la función de los juicios categóricos en el sistema jurídico.

De Barros, P(2011) manifiesta:

Como la norma jurídica tiene la estructura de los juicios hipotéticos y establece en la apódosis la descripción de una clase de acciones , es decir de un comportamiento , tipo de tal modo que toda proposición prescriptiva de estructura hipotética que impute al acontecimiento del supuesto de un determinado tipo de comportamiento humano.(p.48)

La generalización del vocablo "norma" para expresar todas las proposiciones del universo jurídico tal vez deba atribuirse a la exaltación en la lucha antiimperativista, cuando los precursores de esta teoría , ansiosos por contraponer a la corriente adversaria los resultados de las investigaciones kelsenianas , posiblemente sobrevaloren la función de los juicios hipotéticos, otorgándoles el papel exclusivo de realizar el derecho.

2.2.18 EL DERECHO SUBJETIVO Y EL DEBER JURÍDICO

Ahora hablaremos del derecho subjetivo y del deber jurídico y expondremos algo del tema citado

De Barros, P(2011) manifiesta:

"Si el derecho subjetivo y el deber jurídico son los términos de una relación

que nace por la realización del supuesto en virtud de la imputación es imperativo urgente conocer la esencia de las tales entidades para

comprender bien la naturaleza de aquel vinculo que es el dato fundamental

del fenómeno jurídico"(p.53)

El deber jurídico puede ser exigido por el titular del derecho subjetivo es siempre una acción u omisión del ser humano y su incumplimiento desencadena la aplicación de la medida jurídicamente sancionadora. En otras palabras es aquel acto que incumplido realiza el antecedente de una sanción, la creación de los derechos subjetivos y de sus correlativos deberes jurídicos se hace mediante determinada técnica que se consustancia en ultimo termino en la consolidación de normas primarias con normas secundarias.

2.2.19 LA UNIDAD CIENTÍFICA DEL DERECHO

Ahora hablaremos de la unidad científica del derecho algo que es sumamente importante.

De Barros, P(2011) manifiesta:

"El raciocinio desarrollado es el examen de la técnica de creación de los

derechos subjetivos y correspondientes deberes jurídicos nos conduce

a otro problema que se afirma como corolario de cuantas conclusiones

ya obtuvimos hasta este punto. Se trata de la unidad científica del derecho

extendido aquí en su plenitud esto es como sistema jurídico.(p.60)

Por decir de hecho tomemos el ejemplo de los códigos civiles que estipulan prácticamente solo endonormas,. Sabemos que el derecho se aleja de los otros sistemas normativos en la medida en que sus deberes son garantizados por coactividad especifica: ejecución forzosa y restricción de la libertad. Ahora siendo así solo habrá Derecho cuando aquellas endonormas, fijadas en los códigos civiles encuentren sus respectivas perinormas. Para comprender jurídicamente una disposición establecida en el código civil es menester ingresar en el campo de las leyes penales, administrativas, constitucionales, etc.

2.2.20 BASES SOBRE EL DERECHO TRIBUTARIO

Ahora expondremos unas bases sobre el derecho tributario lo cual tiene que ver tanto con la legislación como con la jurisprudencia.

De Barros, P(2011) manifiesta:

"El derecho tributario viene conformándose en Brasil merced a una

abundante elaboración legislativa lo que tal vez explique pero no justifique

la aparente despreocupación de la doctrina con los fundamentos de este

segmento del saber jurídico. Muchas veces , el estudioso puede realizar

construcciones doctrinales erguidas sobre premisas totalmente

discrepantes de aquellos conceptos fundamentales lo que las compromete

de modo visceral" (p.65)

Se da un testimonio elocuente de esta afirmación los conceptos emitidos por eminentes tributaristas, en una demostración irrefutable de que no hay unidad de premisas. Además es difícil imaginar que tema tan importante puesto que se trata de propio reconocimiento del campo en que se desarrollará el trabajo jurídico especializado, el cual pueda ser objeto de tanta discrepancia dando lugar a tamaña diversidad. Adicionalmente cabe mencionar que el derecho tributario a nivel internacional depende de los ministerios de economía como sede principal y de las superintendencias o algún ente autónomo visto en coactividad con el derecho administrativo.

2.2.21 EL TRABAJO INFANTIL EN LA LEGISLACION LABORAL

Ahora hablaremos del trabajo infantil en el derecho esto esta directamente vinculado a la legislación laboral que es parte de la legislación en sí

Neves, J (2010) Manifiesta:

"La cuestión del trabajo infantil ha captado la atención en el derecho del

trabajo en sus inicios. Sin duda que una de las principales razones por

las que en pleno apogeo del estado liberal , abstencionista por definición

en materia de derechos económicos y sociales de la población se diera

la intervención en la regulación protectora de los trabajadores, fue el

impacto sobre la vida y la salud que produjo que el trabajo infantil al regularse a las reglas contractuales del derecho civil."(p.23)

Según la constitución el menor de edad tiene derecho a la educación pero el mismo puede laborar con previa autorización de sus padres lo cual ocurre en casos de familias extremadamente pobres sin embargo esto no está catalogado en el código penal de nuestra legislación adicionalmente existen empresas familiares como bodegas donde eventualmente los niños menores de edad colaboran con el despacho y las labores lo cual no constituye tampoco un delito cabe resaltar en este último ejemplo la buena fe en esta clase de negocios sin embargo algo de esto se ha especificado en la ley de la MYPE.

2.2.22 LEY DEL TRABAJO EN MUJERES Y MENORES

Ahora   hablaremos de   la ley de trabajo en mujeres y menores en el ordenamiento nacional.

Neves, J (2010) Manifiesta:

"Respecto a la edad mínima la ley la fija en 14 años. No obstante permite

que los mayores de 12 años puedan trabajar, siempre que sepan leer ,

 escribir, contar, y exhiban certificado médico de aptitud física

(artículo 2) . Asimismo, en los orfelinatos y establecimientos de

Beneficencia en que se enseñen trabajos manuales a la par que se impar-

ta la instrucción primaria (artículo 4). Excluye de su ámbito las empresas

familiares, el trabajo doméstico y la agricultura(p.30)

Por otra parte la ley otorga una serie de beneficios a los menores de edaduna jornada diaria y semanal inferios(6 y 36 horas para los menores de 14 años de edad, 8 y 45 horas respectivamente para los menores que tengan entre 14 y 18n años de edad aunque en este caso cabe la ampliación si está justificada)(artículos 3,5 y 10) , dos horas continuas de descanso al mediodía,(artículo 8) mayor indemnización por accidente de trabajo(25%) (artículo 9) y derecho a trabajar sentados (artículo 19) con estos extractos concluimos el presente párrafo de comentario.

2.2.23 SOBRE EL CÓDIGO DE LOS NIÑOS Y ADOLESCENTES

Ahora hablaremos del Código de los niños y adolescentes en la parte básica

Neves, J (2010) Manifiesta:

" el actual código de los niños y adolescentes fue dictado en el 2000

 Mediante la ley 27337. Distingue entre ambas categorías: son niños

quienes se encuentran entre la concepción y los 12 años de edad, y son

adolescentes quienes han cumplido los 12 años hasta que alcancen los 18 años de edad.(p.32)

Cabe resaltar que al margen de lo citado por el autor en el código de los niños y adolescentes se determina cuando un adolescente es un adolescente infractor y esto va de la mano con el código penal lo cual es sumamente importante tomar en cuenta no solo en materia laboral sino también en materia penal aunque bueno nos estamos saliendo un poco del tema citado que era el tema de legislación laboral. El libro del autor citado es netamente de legislación laboral junto con su respectiva jurisprudencia. Aunque relativamente hablando el código citado tiene de ambas la legislación laboral tanto como la penal.

2.2.24 LA LIBERTAD LABORAL

Enseguida hablaremos respecto a la libertad de trabajo que es algo sumamente importante en la producción

Neves, J (2010) Manifiesta:

"En la fase inicial de la relación laboral, la libertad de trabajo le concede al trabajador las siguientes decisiones fundamentales: la de trabajar o no

Hacerlo, la de establecer en que actividad se va a ocupar, la de determinar si va a trabajar para sí o para otroy en este ultimo caso la de precisar en favor de quien(en coincidencia con la libertad de contratar) En la fase final, dicho derecho consiste en reconocerle al trabajador la facultad de dejar el empleo por su sola voluntad"(p.41)

Luego deberá elegir el rubro en el que va a desempeñarse, así como si va a trabajar por cuenta propia o por cuenta ajena, y en tal caso, seleccionar la contraparte. Por cierto que todas estas restricciones tropiezan con un mercado restringido, como el nuestro. Sin embargo las limitaciones interpuestas por la realidad económica llegan a invalidar la libertad jurídica si se optara por trabajar por cuenta propia y se empleara el trabajo de otros la libertad de trabajo coincidiría con la de empresa asimismo es importante que uno trabaje en lo que le gusta porque de ser así es como si uno no estuviese trabajando.

2.2.25 DERECHO AL TRABAJO EN RELACIÓN CON LA ESTABILIDAD LABORAL

Ahora hablaremos del derecho al trabajo y la estabilidad en el trabajo lo cual es un tema importante

Neves, J (2010) Manifiesta:

"la otra acepción que tiene el derecho al trabajo alude a la conservación del empleo. Esta coincide parcialmente con uno de los sentidos reconocidos por la doctrina de estabilidad en el trabajo: la prohibición del despido injustificado. El derecho de estabilidad laboral comprende dos aspectos: la preferencia por la contratación de duración indefinida sobre la determinada , que se plasma en la autorización de celebrar contratos temporales solo para cubrir labores de esa naturaleza, (llamada estabilidad de entrada) y la ya mencionada prohibición del despido injustificado.(la llamada estabilidad de salida)(p.45)

Aquí debemos de efectuar dos precisiones. La primera es que el principio de irrenunciabilidad de derechos que prohíbe el abandono voluntario por el trabajador de derechos nacidos en su favor de normas imperativas, impediría la renuncia al empleo, que es la base de la condición de trabajador y en consecuencia , del disfrute de todos los derechos derivados de ella. Pero esa prohibición afectaría la libertad de trabajo, que no podría admitirse.

2.2.26 EL TEMA DE BIENES EMBARGABLES Y EL PROCESO EJECUTIVO

Ahora expondremos con respecto al problema de los bienes embargables lo cual es un poco controvertido.

Ariano E.(2009) manifiesta:

"un primer problema atiende al bien sobre el cual puede recaer el embargo.

Para ello hay que tener presente que ya sea con fines cautelares o con fines ejecutivos(que como , dicho nuestro ordenamiento no distingue), embargar significa vincular(nuestro CPC usa la expresión afectar) un <bien> (en sentido lato) a un determinado derecho de crédito. Tal cual ocurre con los llamados <derechos reales de garantías> , que el embargo en su evolución histórica en menor o en mayor medida es ciertamente <emulado>"(p12)

Añadiremos que Esta disposición tiene un alto valor teórico , pues nos está estableciendo que el acreedor de un socio de una sociedad colectiva , solo podrá embargar con fines ejecutivos los beneficios que le correspondan a su deudor, mas no podrá embargar con fines ejecutivos la participación que tal socio tenga en la sociedad. En tales casos podrá solo embargar una expectativa . lo que le corresponderá a su deudor por liquidación de la sociedad o como consecuencia de la separación exclusión o muerte del socio. La razón es obvia cuando se embarga un bien con fines ejecutivos se hace para luego enajenarlo.

2.2.27.FINES EJECUTIVOS Y FINES CAUTELARES

Ahora hablaremos de lo que puede embargarse con fines ejecutivos mas no con fines cautelares .

Neves, J (2010) Manifiesta:

"Para centrarnos en el tema hay que tener en presente que contrariamente a lo que se podría pensar la posibilidad de embargar o no los bienes del estado no surgió ciertamente con la dación –en el régimen fujimorista- de la ley 26599que como se sabe modificó el artículo 648 del CPC de 1993, estatuyó sin distinciones , que los bienes estatales eran inembargables y a la vez que las resoluciones judiciales o administrativas firmes que dispusieran el pago de obligaciones a cargo de del estado solo serían atendidas por las partidas previamente presupuestadas del sector al que corresponderán sino que es un problema bastante más antiguo."(p.15)

Naturalmente en aquel entonces para los acreedores del estado estaba expedita la jurisdicción de los tribunales para conocer e n el asunto hasta el pronunciamiento de la sentencia que declare el derecho ; pero obtenida la ejecutoria no puede el acreedor hacerla efectiva por el procedimiento común de la ejecución de sentencias sino que debe de ocurrir al congreso para que determine el modo y la forma de efectuar el pago siendo este último el camino que corresponde seguir a todos los a acreedores del estado , aunque su derecho conste de instrumentos ejecutivos por el fin jurídico de éste y por el destino público de sus bienes y rentas.

2.2.28 LAS INTERVENCIONES Y EL EMBARGO

Ahora expondremos el tema de las intervenciones como modalidad de embargo.

Neves, J (2010) Manifiesta:

"si partimos del dato cierto que el embargo cautelar tiene por objeto neutralizar de que el deudor distraiga los bienes de su patrimonio dejando así al descubierto a sus acreedores, resulta obvio que este tenga por objeto los bienes ya existentes o como mínimo < derechos espectaticios> . Lo que si sería inconcebible es que embarguen bvienes <futuros> tal cual los ingresos que genere   una acividad económica del (potencial) deudor.(p.20)

Añadiremos adicional,mente que en su ciclo natural laa liberación de este vínculo se producirá cuando el embargo agote su función , es decir cuando a través de la enajenación forzada el bien pase al patrimonio de otro. Pero la meta última del embargo es es el logro de la satisfacción del ejecutante ya sea con la enajenación del producto de enajenación forzada del bien o con el bien mismo (adjudicación) A este tema cabe añadirle que la ley de títulos y valores hace a un título valor como un pagare o una letra que este mismo sea ejecutable lo cual facilita el embargo.

2.2.29 LA EJECUCUCIÓN DE GARANTÍAS

Ahora expondremos con respecto a la tercería y la ejecución de garantías lo cual es sumamente importante.

Neves, J (2010) Manifiesta:

"Como consecuencia a estar que el artículo 742 del CPC de 1912, señalaba que trabando un embargo(…) puede salir la tercera persona formulando oposición , nadie podría dudar de la procedencia en una tercería de dominio en relación a bienes prendados o hipotecados (y luego embargados) , pues su objeto era simplemente liberar el bien del vínculo del embargo , o dicho de otra manera , que esa ejecución no siguiera con ese bien nada más." (p.28)

La solución auspiciada por muchos la dio el legislador mediante el D Legislativo 1069, que agregó un párrafo al artículo 533 del CPC que permite un planteamiento de una tertercería fundada en la propiedad de bienes afectados con garantías reales, cuando el derecho del tercerista se encuentra inscrito con anterioridad a dicha afectación . Con ello el legislador ha puesto un solo parchge al problema más no lo ha resuelto en absoluto pues a fin de cuentas ha privado al justiciable del medio para evitar una consumación de una ejecución injusta por objeto.

2.2.30 LA ADMISION CONDICIONADA

Ahora expondremos sobre la admisión condicionada y la suspensión automática.

Neves, J (2010) Manifiesta:

"Sobre ello reina también el caos pues a veces se ha considerado que aunque se haya interpuesto a tiempo , si entre la interposición y la admisión se realiza el remate , la tercería es inadmisible por extemporánea, mientras que en otros, se ha considerado que el remate del bien no es óbice a la admisión de la tercería con la única consecuencia que deba integrarse el Litis con el tercero adjudicatario."(p.31)

Podemos añadir que en cambio el código procesal penal vigente llega a una solución burda : condiciona a la admisión a la tercería a la existencia <<documento publico o privado de fecha cierta>> o, en alternativa adicional   al otorgamiento de una garantía a criterio del juez y por el otro se establece que es solo la admisión la que siempre produce la suspensión del proceso si estuviera en la etapa de ejecución sin precisar que el proceso en la etapa de ejecución se suspende Quedo como única excepción que el de los bienes deteriorables o de conservación onerosa en que procede sí a la venta.

2.2.31 LA ASOCIACION EN EL CODIGO CIVIL

Una asociación es un conjunto de personas sea naturales o jurídicas que se asocian configurando un prospecto jurídico que se denomina como tal.

Castillo,J(2011) manifiesta:

"una asociación es en términos generales podríamos definirla como un conjunto organizado legalmente de personas naturales o jurídicas quienes crean un nuevo ente que los asocie para realizar fines comunes. Para Couture , las asociaciones vienen a ser un conjunto de personas agrupadas con arreglo a una organización estatutaria , con el objeto de lograr determinados fines materiales o espirituales."(p.52)

El artículo 86 del código civil señala que la asamblea general elige a las personas que van a integrar el consejo directivo, aprueba cuentas y balances o aprueba o modifica estatutos, así como la disolución de la misma.El artículo 87 indica el quórum para la reunión de la asamblea general debe de ser mas de la mitad de los asociados en la primera convocatoria, , en la segunda convocatoria bastará la presencia de cualquier número de asociados, similar procedimiento se segurá para modificar el estatuto, ahora bien los asociados pueden ser representados en la asamblea general por una tercera persona.

2.2.32 EL SALARIO MINIMO

Existe mucha controversia con respecto al salario mínimo tomando en cuenta que en otros países se paga por hora.

Boloña, C(2000) manifiesta:

"El salario mínimo generalmente es un tema que es abordado creyendo que puede solucionar el problema de condiciones de vida de la población mas pobre de una región. Sin embargo,en el presente artículo las implicancias de contar con un salario mínimo e incrementarlo con la finalidad de de aumentar los ingresos de este segmento de la población."(p,.181)

Podemos añadir para compensar en pocas palabras el incremento del salario mínimo genera reacciones importantes en los empleadores, quienes no solo tomarán a las personas porque pueden remunerarlas con este salario mínimo, sino que cada vez más realizarán un análisis costo-beneficio para determinar si realmente si el aporte de un trabajador potencial eqivaldrá a cuando menos a la remuneración que obtendrá por ese aporte. Asimismo es importante tomar en cuenta que , mientras menos preparada esté la persona a ser contratada , m{as tendrá que invertir la empresa en capacitación.

2.2.33 CONFLICTO ENTRRE TEMAS JUDICIALES Y AUTORIDADES ADMINISTRATIVAS

Ahora trataremos el tema de la controversia o también de la polémica de las autoridades administrativas y las autoridades judiciales.

Urquizo, J. Manifiesta:

"Suele suceder que en la aplicación de las normas vigentes se sucitan interferencias entre las autoridades administrativas y judiciales muchas veces por error o en forma maliciosa, éstos invaden el campo que no les corresponde y se enerva el cumplimiento de las leyes y consecuentemente inciden en una buena administración de justicia o al hacer valer un derecho se enfrentan a   autoridades administrativas o judiciales. Esta fricción o rozamiento entre autoridades administrativas o jkudiciales se llama conflicto entre jueces y autoridades administativas."(p.154)

Los procesos surgidos entre autoridades departamentales o sea cortes superiores de justicia y los prefectos y los conflictos que se producen entre jueces y autoridades administrativas de provincias que no corresponden al mismo distrito judicial la solución corresponde a la corte suprema de la república.

La petición de la solución puede hacerse por escrito, con los fundamentos de hecho y de derecho.

2.2.34 PROBLEMAS CON LA BUENA FE CIVIL

Ahora expondremos el tema de la buena fe en el derecho civil.

Avedaño, J manifiesta:

"Recordemos una vez m{as que el derecho moderno debe de cumplir dos funciones : reconocer las titularidades   erga omnes   y generar las condiciones   para un fluido intercambio de bienes. Para lograr estas 2 metas   el derecho debe de intervenir dentro el campo   contraactual reduciendo   a lo mínimo los costos de transacción   siendo el registro de mecanismo ideal que permite a los particulares una información segura, rápida y poco costosa respecto a la situación legal de los bienes"

En otras palabras es decir para la doctrina tradicional la exigencia de la buena fe civil en el hecho de si se justificaría en el hecho que si bien el primer comprador no ha cumplido con publicar su contrato (vía la inscripción en registro ello no es razón suficiente para   protegerlo de su adquisici{on ya que éste contrató primero. Sin embargo esta justificación n desconoce que el Derecho debe intervenir en los contratos para reducir los costos de transacción y para lograr este fin es justamente el registro.

2.3BASES LEGALES:

***CONSTITUCION POLITICA DEL PERU DE 1993**

***CODIGO CIVIL**

***CODIGO PROCESAL CIVIL**

***CODIGO PENAL**

***CODIGO PROCESAL PENAL**

***CODIGO TRIBUTARIO**

2.3DEFIFINICION DE TÉRMINOS BÁSICOS

ACCION DE AMPARO.- Demanda constitucional por via judicial que resguarda un derecho o posesión legal

BUFETE.- Estudio o despacho de un abogado

BURSATIL.-Lo relativo a bolsa de valores

CADUCAR.- Perder su fuerza de ley

DECALOGO .- Conjunto de diez principios fundamentales en diferentes funciones de la vida

DECRETO LEY.- Dispocisión de carácter legislativo que sin ser sometida a órgano adecuado se promulga por el poder ejecutivo

FALLO.-La sentencia que como resolución o pronunciamiento definitivo ante un litigio lo dicta un juez o tribunal.

HERMENEUTICA.- Ciencia que interpreta los textos escritos y fija su verdadero sentido

ILEGALIDAD.- Infracción de ley prohibitiva

JUS.- proviene del latin en general el derecho tanto subjetivo como objetivo

LABORALISTA.- Especialista en derecho laboral o de trabajo.

NEFANDO .- Indigno, repulsivo, abominable

PATROCINIO.- Defensa

REBELDIA.- desobediencia al mandato o precepto.

RESOLUCIÓN.-Fallo, auto, providencia, de una autoridad gubernativa o judicial.

III HIPOTESIS Y VARIABLES

3.1 HIPOTESIS GENERAL

Si existe un efecto en la legislación sobre la jurisprudencia en el instituto Moneda

3.2 HIPOTESIS ESPECÍFICAS

a) Si existe un efecto de que la legislación penal regule la jurisprudencia penal en el instituto Moneda

b) Si existe un efecto de la legislación laboral sobre la jurisprudencia procesal civil del instituto Moneda

c) Si existe un efecto de la legislación tributaria sobre la jurisprudencia constitucional del instituto Moneda

3.3 OPERACIONALIZACION DE LAS VARIABLES

VARIABLE X: LA LEGISLACION

a) Dimension : la legislación laboral

*indicadores

-el trabajo infantil en el derecho

-el derecho al trabajo y a la estabilidad

-Libertad sindical

b)Dimensión : Legislación tributaria

*indicadores

-concepto urgente del trabajo

-consecuencia de las normas tributarias

-criterio cuantitativo

c)Dimension:Legislación penal

*indicadores

-La terminación anticipada

-la pertinencia de la prueba

-los derechos de los imputados

VARIABLE Y: LA JURISPRUDENCIA

a)Dimensión: La jurisprudencia procesal civil

*indicadores:

-el problema de los bienes sociales de una sociedad con deudas

-las medidas cautelares

-La jurisprudencia civil y registral

b) Dimensión:Jurisprudencia constitucional

*indicadores:

-El problema de los bienes sociales de una sociedad con deudas

-Las medidas cautelares

-jurisprudencia civil y registral

c)Jurisprudencia penal

* indicadores

-los principios

-la fiscalía

-el juzgamiento

IV. METODOLOGIA DE LA INVESTIGACION

4.1DISEÑO DE LA INVESTIGACIÓN

El diseño es no experimental. La investigación no experimental es investigación sistemática y empírica, en la que las variables independientes no se manipulan, porque ya están dadas. Las inferencias sobre las relaciones entre variables se realizan sin intervención o influencia directa, y dichas relaciones se observan tal y como se han dado en su contexto natural. (Valderrama 2008: 67).

4.2TIPO Y NIVEL DE LA INVESTIGACIÓN

El tipo es: básica; es conocida también como investigación teórica, pura o fundamental. Está destinada a aportar un cuerpo organizado de conocimientos científicos y no produce necesariamente resultados de utilidad práctica inmediata.

Se preocupa por recoger información de la realidad para enriquecer el conocimiento teórico-científico, orientado al descubrimiento de principios y leyes (Valderrama 2008: 164).

Nivel: correlacional;Los estudios correlacionales, al evaluar el grado de asociación entre dos o más variables, miden cada una de ellas (presuntamente relacionadas) y, después

4.3ENFOQUE DE LA INVESTIGACIÓN: Cuantitativo

4.4 METODO DE LA INVESTIGACIÓN:

El enfoque cuantitativo es una forma de llevar a cabo la investigación; es una orientación filosófica o un camino a seguir que elige el investigador, con la finalidad de llevar a cabo una investigación. Se trata de proyecciones de planteamientos filosóficos que suponen tener determinadas concepciones del fenómeno que se quiere indagar. Se caracteriza porque usa la recolección y el análisis de datos para contestar a la formulación del problema de investigación; utiliza, además, los métodos o técnicas estadísticas para contrastar la verdad o falsedad de la hipótesis. (Valderrama 2008: 106).

4.5POBLACIÓN Y MUESTRA : la población son 25 estudiantes de el instituto Moneda y la muestra son 10 estudiantes

4.6 TECNICAS E INSTRUMENTOS DE ASOCIACION DE DATOS

4.6.1 TECNICAS: Encuestar a personas.

4.6.2 INSTRUMENTO: El instrumento es el cuestionario

4.6.3 CRITERIOS DE VALIDEZ Y CONFIABILIDAD DEL INSTRUMENTO

V: ADMINISTRACION DEL PROYECTO DE INVESTIGACIÓN

5.1 RECURSOS

5.1.1 HUMANOS

El profesor del curso el magister Daniel hijar

5.1.2ECONÓMICOS

Mis alquileres y mi negocio

5.2 PRESUPUESTO

libros de derecho:s/100

libro de metodologia:S/. 55

reparación del computador: $180

impresión : S/. 75

5.3 CRONOGRAMA DE ACTIVIDADES:

a) Evaluación del tema
b) Construcción de la matriz
c) Avance del marco teorico
d) Desarrollo de la metodología
e) Presentación del proyecto

FUENTES DE INFORMACIÓN

FUENTES BIBLIOGRAFICAS

Ariano, E(2009) *"Embargo, tercerías y remate judicial en jurisprudencia procesal civil"* (primera edición), Lima;editorial el búho

Neves, J(2010) *"Derecho del trabajo cuestiones controversiales"*(primera edición), , Lima, Ara editores

De Barros, P(2011) *"Teoría de la norma tributaria"*(primera edición);Lima;Ara editores

Salinas, Sofia(2011) "Reglas de admisibilidad y   procedencia en el proceso de amparo" (primera edición); Lima; Ara editores.

Asencio, J. (2010*) "La acción civil en el proceso penal"* (primera edición); Lima;Ara editores

Esquivel, J(2009) *"El saneamiento de la propiedad inmueble en la jurisprudencia civil y registral"*(primera edición); Lima,; Editorial el Buho

Avedaño, J(1993) *"el derecho civil peruano. Perspectivas y problemas actuales"*

*(*Primera edición)Lima;Fondo editorial de la pontificia universidad católica del peru

Urquizo, J(1985)"práctica forense manual de procedimientos civiles" (quinta edición);Arequipa;editorial la balanza

Boloña, C(2000) *"experiencias para una economía al servicio de la gente" (primera edición)*Lima;editorial nuevas técnicas educativas

Castillo, J(2011) "Nuevo código civil comentado"(Primera edición)Lima;editorial berrio

Valderrama, S*(2002)"pasos para elaborar proyectos de investigación"*(segunda edición)Lima; editorial San marcos

Cabanellas , G(2011) "diccionario jurídico elemental"(primera edición) editorial heliasta

Diaz, M(2003),Cholula, Puebla, Mexico

Romero, M.(2016), Cholula, Puebla, México

Arróniz ,H(2006) Cholula, Puebla, México

Acosta, V.(2003), lima

Gallardo, J(2000) Lima-Peru

Martel,R(2002) Lima

FUENTES HEMEROGRAFICAS

-

FUENTES ELECTRÓNICAS

http://sisbib.unmsm.edu.pe/BibVirtual/Tesis/Human/Acosta_I_V/Acosta_I_V.htm

ANEXOS

9 781797 986081